KB054908

남자와 **여자**의 뇌는 같을까?

민음 바칼로레아 056

남자와 여자의
뇌는 같을까?

카트린 비달 | 김현택 감수 | 김성희 옮김

● 일러두기

1 본문 가장자리에 있는 사과 🍎 는 이 책을 통해 반드시 이해해야 하는
  핵심 개념을 표시한 것입니다.
2 본문 아래쪽의 주는 독자들이 본문 내용을 쉽게 이해할 수 있도록 한국어판에 특별히 붙인 것입니다.
3 인명 및 지명 표기는 한글 맞춤법 통일안 및 외래어 표기 규정을 따랐습니다.
4 본문에 사용한 부호 및 기호의 뜻은 다음과 같습니다.
    － 전집, 단행본: 『 』
    － 신문, 잡지: 〈 〉
    － 개별 작품, 논문, 기사: 「 」

차례

질문 : 남자와 여자의 뇌는 같을까?

사람의 뇌에도 성별이 있을까? 남자의 뇌와 여자의 뇌는 어떤 점이 다를까?

이 물음에 대답하는 것은 사람들이 흔히 생각하는 것만큼 간단하지 않다. 뇌는 간이나 콩팥과 같은 일반적인 신체 장기가 아니라 사고의 중추이기 때문이다. 이를 통해 우리는 성별에 따른 뇌의 차이점을 묻는 질문 이면에는 인간 행동의 선천적인 면과 후천적인 면에 관한 논쟁이 자리한다는 것을 알 수 있다.

뇌와 성별 사이의 관계를 단정하는 사회적 통념과 근거 없는 확신은 한둘이 아니다. 예컨대 여자는 '생물학적 본성'으로 인해 언어적 재능을 타고나고, 남자는 선천적으로 공간과 방향을 지각하는 능력이 좋다는 식이다. 이런 이야기들은 인간의 능력과 개성이 태어날 때부터 이미 뇌 안에 고정되어 있다는 믿음을 유포시킨다.

그러나 뇌 과학이 점차 발전하면서 드러난 새로운 사실들은 사람들의 일반적인 믿음과는 거리가 멀다. 뒤에서 자세히 살펴보겠지만, 인간의 뇌는 가소성[*]이라는 놀라운 속성 덕분에 학습하고 경험하는 과정에서 끊임없이 새로운 뉴런[*] 회로를 만들어 낸다.

물론 서로 다른 교육을 받은 남자아이와 여자아이는 뇌 기능의 차이를 보일 수 있다. 그러나 이러한 차이가 태어날 때부터 두 아이의 뇌 속에 이미 특정한 기능의 차이가 존재한다는 것을 의미하지는 않는다.

이제 성별의 차이와 뇌 기능 사이의 연관 관계를 둘러싼 이

● ● ●

가소성 뇌 조직이 환경의 변화에 따라 스스로 적응해 가는 성질. 이에 대한 자세한 내용은 본문에서 살펴볼 것이다.
뉴런 신경계의 구조적 · 기능적 단위로, 신경 세포체와 거기서 나오는 돌기들을 합친 것을 의미한다. 외부로부터 자극을 받았을 경우 전기를 발생시켜 다른 세포에 그 정보를 전달하는 기능을 담당한다. 역할에 따라 감각 수용기가 자극을 받았을 때 그 흥분을 척수에 전달하는 감각 뉴런, 대뇌에서 피질 부위들 사이를 서로 연결하는 연합 뉴런, 뇌나 척수에서 일어난 흥분을 근육 등 운동 기관에 전달하는 운동 뉴런의 세 종류로 나눌 수 있다.

오랜 논쟁을 제자리로 돌려보내야 한다. 우리의 고정관념과 편견이 아닌, 정확한 과학의 영역으로 말이다. 이 문제의 해결에서 가장 중요한 열쇠는 다음과 같은 전제이다. 남자와 여자라는 성 정체성*이 형성되는 과정에 대해, 생물학적 요인뿐만 아니라 사회적, 문화적 환경의 영향이 함께 고려되어야 한다는 것이다.

사람들의 오랜 믿음처럼 정말 성별에 따라 특정한 뇌 기능이 발달하는 것일까? 그렇다면 성 정체성은 타고난 뇌에 따라 결정되는 것일까? 또 오늘날까지 곳곳에 남아 있는 성차별은 생물학적인 근거로 정당화될 수 있을까?

앞으로 우리는 이러한 질문들에 대해 살펴보게 될 것이다. 이를 통해 남성과 여성의 뇌를 둘러싼 왜곡된 사실과 근거 없

● ● ●

성 정체성 성은 크게 생물학적인 성(sex)과 사회·문화적으로 구성되는 성(gender)으로 나눌 수 있다. 사람들은 생물학적으로 자신이 남자인지 여자인지 유아기 때 자연스럽게 알게 되지만 사회적으로 자신이 남자인지 여자인지는 자아 개념이 확립되어 가는 사춘기 이후에야 제대로 인식한다. 이렇듯 성 정체성은 단순히 생물학적인 성을 인식하는 것을 넘어서 총체적으로 자신의 성에 대해 내적으로 경험하는 것을 말한다. 곧 '나는 남자' 혹은 '나는 여자' 인 것을 심리적으로 수용하고 인정하는 것이라고 볼 수 있다.

는 믿음들에 대해 알 수 있을 것이다.

그러면 먼저 사람들이 흔히 과학적이라 믿고 있는 뇌에 관한 속설들이 어떻게 생겨나게 되었는지 알아보도록 하자. 또 그러한 믿음이 오늘날까지 유지되는 이유는 무엇인지 알아보기 위해 19세기 유럽으로 돌아가 보자.

1

지금까지 뇌는 어떻게 연구되어 왔을까?

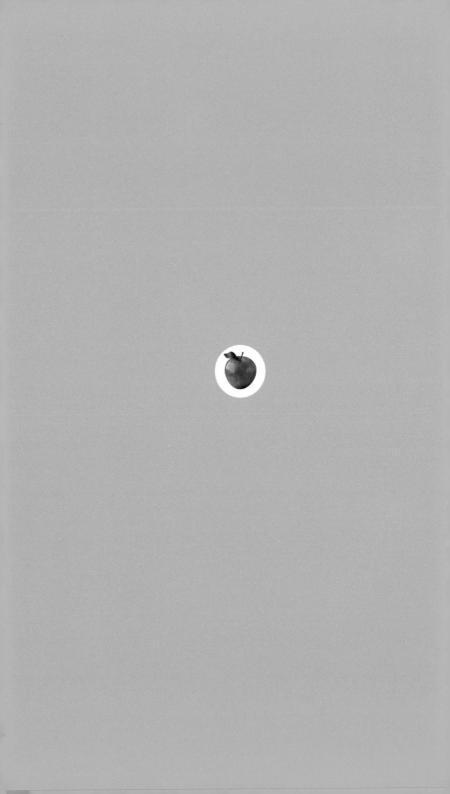

뇌가 큰 사람은 지능도 높을까?

19세기 초에 해부학자들은 두개골의 융기 형태를 연구해 사람의 정신 상태를 알아내고자 했다. 당시는 독일의 해부학자 프란츠 요제프 갈*이 창시한 **골상학**˚이란 학문이 유행했다. 골상학을 지지하는 이들은 남자의 뇌에는 수학과 힘의 융기가 있는 반면, 여자의 뇌에는 집안 청소와 모성애의 융기가 존재한

• • •

프란츠 요제프 갈(1758~1828) 독일 태생의 프랑스 해부학자. 모든 정신 작용은 대뇌 피질의 일정한 부위에 국한된다는, 대뇌 기능의 국재설을 주창하고 골상학을 창시했다.
골상학 두개골의 형태를 연구해 그 사람의 성격이나 정신적 능력을 판단할 수 있다고 주장한 학문. 18세기 말에서 19세기 초 유럽에서 크게 유행했으나 현재는 거의 연구되지 않고 있다.

다고 확신했다. 이러한 구별은 당시 남녀의 사회적 서열 차이를 설명하기에도 편리한 방법이었다.

19세기 후반, 사람들의 관심은 두개골에서 뇌로 옮겨 갔다. 신경학자들은 뇌의 크기와 지능 사이의 관계를 정립하려 애썼다. 대부분의 학자들은 남자의 뇌가 여자의 뇌보다 더 크다고 생각했다. 마찬가지로 신경학자들은 본래 백인의 뇌가 흑인의 뇌보다 크고, 고용주의 뇌가 노동자의 뇌보다 상대적으로 더 크다고 믿었다.

프랑스 의사 폴 브로카*는 그러한 주장을 옹호하는 사람들에게 결정적인 증거를 제공했다. 브로카는 시체의 뇌 크기와 무게를 측정해 남자와 여자의 뇌 무게가 평균 181그램의 차이를 보인다는 결과를 내놓았다. 브로카는 골격이 뇌의 크기에 미치는 영향을 알고 있었지만 그러한 사실을 대수롭지 않게 여겼다. 그래서 그는 이렇게 결론지었다.

"여자의 뇌가 작은 것은 어디까지나 몸이 작기 때문이 아닐

● ● ●

폴 브로카(1824~1880) 프랑스의 외과 의사이자 인류학자. 인류학적 측면에서 뇌 연구에 접근해, 선사 시대 두개골의 단면을 연구하고 서로 다른 종족의 두개골을 비교 연구했다. 또한 언어 중추의 위치를 밝혀내, 훗날 이 영역은 '브로카 영역'으로 알려지게 되었다.

까 생각해 보았다. 하지만 여자가 남자보다 평균적으로 조금 덜 똑똑하다는 것을 잊어서는 안 된다. 따라서 여자의 뇌가 상대적으로 작은 것은 그 신체적 열세에 따른 것인 동시에 정신적 열세에 따른 것이기도 하다고 추측할 수 있다."

그러나 당시에 사람들은 이미 뇌의 크기가 몸의 크기와는 무관하게 개인에 따라 큰 차이를 보일 수도 있다는 사실을 실제 사체 부검 내용을 통해 알고 있었다. 작가 아나톨 프랑스°와 이반 투르게네프°의 뇌 무게를 비교한 실험은 특히 유명하다. 아나톨 프랑스의 뇌는 1킬로그램이었던 데 반해, 이반 투르게네프의 뇌는 무려 2킬로그램이나 나갔던 것이다. 그러나 브로카와 그 동료들은 관념적인 확신을 과학적인 분석보다 우선시했다. 그래서 그들은 이렇게 단언했다.

"뇌의 평균적인 크기는 남자가 여자보다 더 크고, 유능한 사람이 무능한 사람보다 더 크며, 우등 인종이 열등 인종보다 더 크다. (중략) 다른 조건이 모두 같을 경우, 지능의 발달과 뇌의

● ● ●

아나톨 프랑스(1844~1924) 프랑스의 소설가이자 평론가로 1921년 노벨 문학상을 수상했다. 주요 작품으로는 『실베스트르 보나르의 죄』(1881) 등이 있다.
이반 투르게네프(1818~1883) 제정 러시아의 시인이며 소설가이자 극작가. 대표작으로 『사냥꾼의 수기』(1852), 『루딘』(1856), 『전야』(1860), 『아버지와 아들』(1862) 등이 있다.

크기 사이에는 뚜렷한 상관관계가 존재한다."

그동안 뇌의 크기와 지능은 서로 아무런 관련이 없음을 증명하는 명백한 사실들이 수없이 밝혀졌음에도 불구하고 뇌의 크기와 지능 사이의 상관관계를 찾으려는 강박 관념은 오늘날에도 여전히 존재한다.

1992년 캐나다의 한 학자가 지능과 두개골 크기 사이의 관계를 증명할 수 있다고 주장한 일이 있었다. 그 연구는 군인 6,000명의 철모와 군복 크기 등을 기록해 놓은 미군의 옛 자료를 바탕으로 한 것이었다. 연구 결과는 남자가 여자보다, 백인이 흑인보다, 심지어 장교가 졸병보다 두개골이 더 크다는 것을 증명했다. 《네이처》*는 이 논문을 "정치적 관점에서 옳지 않다."는 이유로 거절했다. 그러나 그 학자는 번역을 하여 다른 국제 잡지에 자신의 논문을 게재했다.

● ● ●

《네이처》 1869년 영국의 천문학자 노먼 로키어가 창간한 과학 전문 잡지. 미국 과학진흥협회에서 발행하는 《사이언스》와 함께 전 세계 과학계에 막대한 영향력을 행사한다.

성호르몬은 어떻게 뇌에 영향을 미칠까?

생물학적 차원에서 남성과 여성의 뇌는 서로 다르다. 뇌가 유성 생식˙에 필요한 성적 행동의 표현을 주관하기 때문이다. 뇌의 '성적 분화'는 태아 시기에 이루어진다. 발생 초기 태아의 유전자적 성별(여자는 XX, 남자는 XY)은 난소를 비롯한 여성 생식기와 정소를 비롯한 남성 생식기의 형성을 유도한다. 그러면 성호르몬이 태아의 혈액으로 분비되고, 이 혈액은 다시 뇌로 들어간다.

이러한 호르몬의 침투 과정이 이후 사춘기와 성인 시기의 생식 기능에 관여하게 될 뉴런 회로를 형성하는 데 영향을 미치게 되는 것이다. 성호르몬에 가장 민감한 부위는 뇌하수체 근처 시상하부˙에 위치하고 있다. 여성의 경우, 시상하부의 뉴런은 배란을 위해 주기적으로 활성화된다. 반면 남성의 시상하부는 여성과 같은 주기적인 활동이 일어나지 않는다. 이처럼

● ● ● ●

유성 생식 암수의 생식 세포에 의한 생식. 즉 수정에 의하여 새로운 개체가 형성되는 번식 방법이다.
시상하부 자율 신경계의 여러 가지 기능을 조절하는 뇌의 중추. 상황에 따라 뇌하수체 전엽으로 여러 호르몬을 분비함으로써 뇌하수체를 자극해 성장 호르몬, 부신 피질 자극 호르몬, 황체 형성 호르몬 등의 분비를 돕는다.

남녀 간 뇌의 차이는 생식 기능과 직접적인 관련이 있다. 뇌를 두고 성별의 개념을 논할 때는 이와 같은 맥락이 고려되어야 한다.

뇌가 성 정체성을 결정할까?

1991년 미국의 한 해부학자가 남성과 여성, 그리고 동성애자 남성의 시상하부 형태를 비교한 논문을 《사이언스》˚에 발표했다. 이 논문은 포르말린˚에 담겨 보존되어 있는 뇌 20여 개에 대한 관찰을 기초로 한 것이었다. 연구 결과 시상하부 내의 한가지 핵˚의 크기가 이성애자 남성의 경우 100마이크로미터(10분의 1밀리미터)인데 비해, 여성과 동성애자 남성의 경우 50마이크로미터였다. 이 결과를 바탕으로 논문의 저자는 "성 지향성에는 생물학적인 토대가 존재할 것"이라는 결론을 끌어

● ● ● ●

《사이언스》 1880년 미국의 발명가 토머스 에디슨의 투자로 창간된 과학 전문 잡지. 현재는 미국과학진흥협회(AAAS)에서 발행하고 있다.
포르말린 포름알데히드를 35~38%의 농도로 물에 녹인 액체. 소독제나 방부제, 생물 표본 보존용 등으로 쓰인다.
핵 뇌의 피질하 부위에서 뉴런의 세포체들이 밀집해 있는 부위.

호르몬이나 유전자와 같은 생물학적 원인으로
동성애를 설명하려는 시도는 지금까지 성공하지 못했다.

냈다.

이 주장은 곧 과학계의 거센 비판에 부딪혔다. 타당성에 논란의 여지가 있었기 때문이다. 실제로 이 연구의 가장 큰 문제는 동성애자 남성의 뇌가 에이즈로 사망한 환자들의 것이었다는 점이다.

에이즈 바이러스가 뇌에 침투하면 뇌 손상을 가져온다. 따라서 에이즈 바이러스에 감염된 사람의 뇌를 감염되지 않은 뇌와 비교하는 것 자체가 무효다. 게다가 고작 대뇌 물질 50마이크로미터의 차이가 인간의 성적 행동의 방향을 결정한다는 것도 납득하기 힘들다. 결국, 이후에 어느 연구진도 그 논문을 다시 주목하지 않았다.

동성애가 호르몬이나 뇌, 혹은 유전자와 같은 생물학적인 원인 때문에 나타난다는 주장을 뒷받침하는 과학적 논거가 제시된 적은 지금까지 없다. 10여 년 전, 동성애 유전자를 발견했다고 주장한 학자들이 있긴 했다. 그러나 이후에 그들의 연구는 잘못된 것으로 드러났다. 그러나 미디어의 집중적인 관심을 받으며 워낙 큰 이슈를 만들어 냈던지라, 그 이야기는 아직도 사람들의 머릿속에 마치 진실처럼 남아 있다.

2

성별에 따라
특정 뇌 기능이 발달할까?

여자가 남자보다 말을 더 잘할까?

우리는 종종 여자가 남자보다 언어 능력이 더 발달했다는 이야기를 접한다. 남자는 뇌의 한쪽 반구만 사용하지만 여자는 좌뇌와 우뇌 양쪽 반구를 동시에 사용하기 때문에 언어 능력이 좋아진다는 것이다. 이러한 주장은 1995년 자기 공명을 통한 뇌 단층 촬영 기술 즉 자기 공명 영상 장치˙를 이용한 한 실험에서 비롯되었다. 이 실험의 목적은 언어 테스트를 하는 동안

● ● ●

자기 공명 영상(MRI) 자력에 의해 발생하는 자기장을 이용, 인체의 단층상을 찍을 수 있도록 해 주는 첨단 의학 기계 및 그 기술을 뜻한다. 강한 자기장 안에 환자를 눕힌 후 상태에 따라 자기장에 달리 반응하는 이미지를 통해 환자의 상태를 파악한다. 방사선 피해가 없다는 장점이 있지만, 몸속에 금속과 같은 이물질이 있는 경우에는 정확한 영상이 표현되지 않는 단점도 있다.

남자와 여자의 뇌 활동을 탐지하고 비교하는 것이었다. 실험 결과, 단어 사이의 운율을 파악하는 데 있어 남자는 테스트에 임한 19명 모두 왼쪽 반구가 활성화된 반면, 여자는 19명 중에 11명이 양쪽 반구가 활성화된 것으로 나타났다.

이러한 관찰 결과는 다른 연구진의 호기심을 불러일으켰다. 그리하여 남자와 여자의 뇌 속에서 언어 능력을 주관하는 영역을 알아보기 위한 좀 더 정확하고 세밀한 연구가 시도되었고 그 종합적인 결과가 2004년에 발표되었다. 1995년부터 2004년 사이에 수백 명의 남녀를 대상으로 하여 뇌 속의 언어 능력을 주관하는 영역을 비교 하는 실험이 이루어졌다. 이 실험의 결과를 바탕으로 발표된 24편의 논문을 참고한 결과는 다음과 같다.

"남자와 여자의 뇌에서 언어 능력을 주관하는 영역의 분포에 대한 통계적으로 의미 있는 차이를 발견할 수 없다."는 것이다. 일련의 연구를 통해 알 수 있었던 것은 실험 대상자의 수가 많아질수록 성별 간의 차이가 사라진다는 점이었다.

성별에 따른 뇌의 해부학적 구조를 비교한 연구도 결론은 비슷하다. 1982년, 해부학자들은 여자의 뇌량° 즉 뇌의 두 반구를 연결하는 섬유 다발이 남자의 뇌량보다 더 넓다는 것을 관찰했다. 이 사실은 남녀의 심리적 차이를 과학적으로 해명하기 위한 수많은 공론들을 조장했다.

여자는 양쪽 반구를 활성화시키는 데 더 유능하고, 따라서 남자와는 달리 여러 가지 일을 동시에 잘 해낼 수 있다는 식의 이야기가 그 대표적인 예다. 여러 일을 동시에 해내는 여자들의 능력에 대한 이러한 '해명'은 사람들의 관심을 얻는 데 크게 성공했고, 미디어는 아직도 이와 같은 이야기를 하고 있다.

그런데 여기서 주목해야 할 부분은 1982년의 연구가 포르말린에 보존되어 있는 뇌 20개를 대상으로 했다는 점이다. 이후 학자들은 수천 명의 뇌량을 자기 공명 영상 장치 같은 훨씬 더 정확한 방법으로 측정했다. 1997년에 그 연구들의 종합적인 결론이 나왔다.

이를 통해 "뇌량의 두께에 있어 통계적으로 의미 있는 성별 간 차이는 존재하지 않는다."는 것이 밝혀졌다. 그러나 사람들은 이 한물간 이야기를 지금도 계속해서 들먹거리고 있다. 얼마나 말도 안 되는 일인가.

• • • •

뇌량 좌우의 대뇌 반구 사이를 연결하고 있는 신경 섬유의 집단. 백질로 된 두꺼운 띠로 인체 양쪽에서 오는 지각 정보와 기능적인 반응들을 통합한다.

남자가 여자보다 길을 더 잘 찾을까?

흔히 남자는 공간에서 위치를 파악하는 능력을 선천적으로 타고난다고 한다. '진화 심리학자' 들은 현생 인류가 가지고 있는 특정 성향이 수만 년 동안 이루어진 환경 적응에 따른 진화의 산물이라고 믿는다. 이들 가운데 일부 학자들은 선사 시대부터 남자의 뇌 속에는 공간을 지각하는 능력이 각인되어 있었다고 주장한다.

동굴에 남아 아이들 곁을 지키는 여자들과 달리 사냥을 하러 나간 남자들은 숲이나 초원에서 자신과 사냥감의 위치를 파악하는 능력을 발달시켰을 것이라는 설명이다. 이와 같이 고대 인류의 생활을 근거로 한 해석은 '상식적인' 만큼 우선 대중들의 호응을 이끌어 내기가 쉽다. 그러나 과학계, 특히 선사 시대 전문가들은 이러한 주장을 정면으로 반박한다.

사실 초기 영장류˚의 사회 구조를 증명하는 자료(화석, 벽화, 조각, 묘지)는 어디에도 남아 있지 않다. 수컷과 암컷의 역할 분담을 설명해 주는 증거도 물론 없다. 그 대신 고대 사회를 연구하는 인류학자의 눈으로 이 문제에 접근해 볼 수 있다.

예컨대 아프리카에서는 여자들이 물이나 곡식 등을 모으기 위해 수십 킬로미터를 돌아다니는 일이 흔했다고 한다. 그 여인들은 초원에서 자신의 위치를 파악해야 했을 뿐만 아니라, 무거운 짐도 들고 다녀야 했다. 이를 통해 볼 때 "여자는 '신체적으로 약하기' 때문에 집안일을 하며 '집에만' 있었다."고 주장하는 것은 지나치게 단순한 생각이며, 민족학˙적 사실과도 한참 거리가 먼 것이다. 잠자리나 먹을거리 등 기본적인 생활 여건이 불안정한 집단에서는 생존을 위해 구성원 모두가 동원되어야 한다.

학자들은 특정 공간에서 자신의 위치를 파악하는 동안 남자와 여자의 뇌가 각기 어떻게 활동하는지 비교하는 자기 공명 영상 연구를 실시하기도 했다. 그 방법은 실험 대상들이 비디오 게임과 같이 만들어진 가상의 미로에서 길을 찾도록 하는 것이었다. 독일 연구진이 남녀 12명을 대상으로 한 실험에서는

● ● ●

영장류 척추동물 포유강 영장목에 속하는 동물들. 원시적인 나무타기 쥐류부터 인류까지 다양한 종들이 포함되어 있다. 다른 포유류와 구별되는 영장류의 특징은 다음과 같다. 첫째, 신체 구조가 일정한 환경에만 살 수 있도록 특수화돼 있지 않아 환경이 변해도 번창할 수 있다. 둘째, 대부분 엄지손가락이 다른 손가락에 마주 대할 수 있어 물체를 쥐는 데 알맞다. 셋째, 손가락에는 날카로운 손톱 대신 편평한 손톱이 있다. 넷째, 시력이 발달했으며 눈이 앞쪽을 향해 있어서 거리를 인식할 수 있다. 다섯째, 뇌가 발달하여 포유류 중 몸무게에 비하여 가장 큰 뇌를 가진다.
민족학 인류학의 한 분야로 인종의 분포 상태나 진화의 역사를 연구하는 학문. 최근에는 여러 민족의 문화를 비교 검토함으로써 민족 생활의 생성과 발전 및 그 본질을 밝히는 학문으로 성격이 변하였다.

여자가 남자보다 길을 잘 찾지 못했고, 남자와는 다른 뇌 활동을 보였다. 그러나 캐나다 연구진이 25명을 대상으로 다른 형태의 기하학적 미로를 이용해 실험을 했을 때는 남녀의 공간지각 능력 사이에 뚜렷한 차이를 발견할 수 없었다.

이러한 결과를 통해 우리는 객관적인 연구를 위해서 충분한 수의 실험 대상자와 여러 연구진의 검증이 필요하다는 것을 알 수 있다. 또한 실험 결과를 해석할 때에는 성급히 단정적인 결론을 내리기보다는 좀 더 신중을 기해야 한다는 것을 알 수 있다.

3

성별에 따른 **능력**의 차이는
선천적일까 **후천적**일까?

뇌 기능은 정말 성별에 따라 달라지는 걸까?

최근 10년 동안 이루어진 뇌 단층 촬영 연구에 대해 종합 결산을 해 보자. 1000건이 넘는 연구 가운데 남녀 간의 차이를 보인 경우는 고작 수십 건밖에 되지 않는다는 것을 확인할 수 있다. 그 이유는 우리 모두가 서로 다른 뇌를 가지고 있다는 사실에서 기인한다. 실제로 뇌의 크기, 형태, 기능 방식은 같은 성에 속하는 개인들 사이에서도 너무나 다르다. 따라서 남자의 뇌나 여자의 뇌에만 해당되는 고유한 특징을 뽑아내기란 불가능하다.

자기 공명 영상 장치를 이용한 뇌 단층 촬영으로 밝혀 낸 사실들 가운데 하나는, 뇌 기능이 개인에 따라 어느 정도까지 가변적일 수 있는가 하는 점이다. 예를 들어 체스 게임이나 암산

처럼 특정한 문제를 풀기 위해 머릿속에 어떤 표상을 불러내야 할 때 그러한 뇌의 가변성이 적나라하게 드러난다. 같은 일을 할 때도 사람들은 저마다 고유한 방식으로 뉴런을 활성화시키고 생각을 설계한다. 사실 대체로 개인적인 가변성이 성별에 따른 가변성보다 더 크며, 따라서 오히려 성별에 따른 가변성은 예외적인 것으로 여겨진다.

뇌 가소성이란 무엇인가?

그렇다면 중요한 문제는 뇌 기능의 개인적인 가변성이 나타나는 원인이 무엇인가 하는 점이다. 개인적인 가변성은 선천적인 것일까, 아니면 후천적인 것일까? 신경 생물학이 발전함에 따라 유전자와 환경적인 요인이 각각 뇌의 활동에 미치는 영향에 대한 연구 또한 상당한 진전을 이루었다.

세상에 막 태어난 아이의 뇌에는 1000억 개의 뉴런이 들어 있으며, 이후에도 더 이상 늘어나지 않는다. 그러나 뇌가 완전히 자리 잡는 과정은 아직 멀었다. 뉴런과 뉴런이 연결되는 부위 즉 시냅스 *는 이제 겨우 형성되기 시작한 단계이기 때문이다. 시냅스의 10퍼센트만이 태어날 때부터 존재하고, 나머지

90퍼센트는 후천적으로 만들어진다. 생후 10일에서 30일 사이의 새끼 고양이를 실험한 결과, 각 뉴런마다 100개 내지 1만 2000개의 시냅스가 연결되어 있는 것으로 드러났다.

사람 뇌의 경우 그 수는 훨씬 많아진다. 성인의 시냅스는 무려 1000조 개에 달하는 것으로 추정하고 있다. 그러나 시냅스의 숫자가 천문학적인 숫자에 도달하기까지 뇌의 발달에 개입하는 유전자는 고작 6000개밖에 되지 않는다. 한 유전자당 수십억 개가 넘는 시냅스의 형성을 관리하기에는 분명히 충분하지 않은 양이다. 이 같은 사실을 통해 인간 뉴런의 생성이 유전자 메커니즘에 직접적으로 종속되어 있는 것은 아니라는 것을 확인할 수 있다.

뇌의 발달 과정은 매우 복잡하다. 환경의 자극은 이러한 발달 과정에서 감각, 운동, 인지와 같은 중요한 기능을 가능하게 하는 뉴런 망의 배치를 유도하기 위해 반드시 필요하다. 모든 환경적 요인이 뇌의 형성에 관여한다. 호르몬 효과, 영양 상태, 질병 등을 **내적 환경**이라고 한다면, 가족 및 사회와의 상호작용과 문화적 환경의 역할은 **외적 환경**에 해당한다. 이렇게 내·외

• • •

시냅스 한 뉴런의 축색 돌기 말단이 다른 뉴런의 세포체 또는 수상 돌기와 서로 잇닿는 부위. 이곳에서 한 신경 세포의 활동이 다음 신경 세포에 전달된다.

적 환경과 긴밀히 관계를 맺으며 경험에 따라 스스로를 형성해
가는 뇌의 속성을 '가소성'이라고 부른다.

환경은 뇌 기능에 어떤 영향을 미칠까?

자기 공명 영상과 같이 뇌의 단층을 촬영할 수 있는 신기술
덕분에, 현재 우리는 뇌가 학습과 체험에 따라 변화하는 과정을
직접 '볼' 수 있게 되었다. 예컨대 직업 음악가들의 뇌에서는
자신의 악기를 집중적으로 다루는 행위와 관련한 대뇌 피질˚
의 변화를 확인할 수 있다. 피아니스트의 경우 청각과 시각, 그
리고 손가락의 운동성에 관여하는 부위가 두꺼워진 것이 관찰
된다. 이러한 변화는 어린 시절 피아노 연습에 할애한 시간과
직접적인 비례 관계에 있다. **뇌 가소성**은 어른이 된 후에도 마
찬가지로 작용한다. 택시 운전기사들을 대상으로 한 자기 공명
영상 연구 결과, 운전기사들의 뇌에서 공간적 연상을 관장하는
피질 부위가 많이 발달해 있다는 것과 그 발달 정도는 택시를

· · ·

대뇌 피질 대뇌 반구의 표면을 덮고 있는 회백질의 얇은 층을 말한다. 수많은 신
경 세포가 분포하고 있으며 영역별로 운동이나 감각에 관여한다.

피아니스트는 반복되는 연습으로 청각과 시각,
그리고 손가락의 운동성에 관여하는 뇌의 부위가 발달한다.

운전한 햇수에 비례한다는 것이 밝혀졌다.

뇌 가소성을 보여 주는 또 다른 좋은 예로는 공 3개로 저글링*하는 법을 배우는 사람들의 관찰 결과를 들 수 있다. 연습을 시작하고 2개월 후 이들의 대뇌 피질을 자기 공명 영상 촬영으로 관찰한 결과, 손과 팔의 운동에 연계된 부위와 시각과 관련된 부위가 두꺼워진 것이 드러났다. 그리고 연습을 그만두자 이전에 동원되었던 뇌의 영역들은 원래 상태로 돌아갔다. 요컨대 뇌는 그 가소성 덕분에 새로운 기능을 수행하기 위해 관련 피질 부위를 더 많이 동원할 수 있을 뿐만이 아니라, 특정 기능이 더 이상 필요 없게 되었을 때는 원래대로 돌아갈 수도 있다는 말이다.

의대 시험을 준비하고 있는 학생들을 대상으로 한 자기 공명 영상 실험에서는 보다 추상적인 개념의 학습(화학, 물리, 생물) 또한 뇌의 변화를 초래할 수 있다는 사실이 밝혀졌다. 그리고 한번 두꺼워진 뇌의 부위는 시험이 끝난 3개월 뒤에도 여전히 유지되었다. 이는 획득한 정보가 기억 속에 보존되고 있다는 것과 그에 따른 학습의 효력을 증명한다.

● ● ● ●

저글링 공 따위의 물건을 3개 이상 공중으로 던져 땅에 떨어뜨리지 않고 두 손으로 계속 돌려받는 묘기.

지금까지 살펴본 여러 실험 결과들은 경험이 어떻게 뇌 기능을 변화시키는지 잘 보여 준다. 이때 뇌 기능의 변화는 뉴런 회로의 재구성을 통해 구체적으로 드러난다. 이를 통해 뇌의 기능과 관련하여 몇몇 성급한 해석의 함정에 빠지지 않기 위해 고려해야 할 중요한 개념을 알 수 있다. 우리의 뇌는 학습과 경험에 따라 변화한다는 것이다. 그러므로 뇌 기능에 개인적 혹은 성적 차이가 있다고 해서 그러한 차이가 날 때부터 존재했었다는 것도, 또 그러한 차이가 계속해서 유지된다는 것도 아님을 알 수 있다.

성별에 따라 뇌 기능에 차이가 난다는 속설은 어디서 나왔을까?

자기 공명 영상 촬영을 이용한 앞의 실험들을 통해 밝혀진 것처럼, 심리 검사* 결과에서 나타나는 성별 간 차이를 해석할

· · ·

심리 검사 심리적 개인차를 측정하기 위해 고안되고 표준화된 기법. 연상법, 투사법, 질문지법, 관찰법 등이 있으며, 측정 목적에 따라 성격 검사, 지능 검사, 적성 검사, 학력 검사 등으로 나눈다.

때도 경험과 학습의 영향을 고려해야 한다. 일련의 심리 검사 연구에 따르면 평균적으로 여자는 언어 부문에서 좋은 점수를 얻는 반면, 남자는 공간·방향 감각 부문에서 좋은 점수를 얻는다고 한다. 이러한 차이는 어디에서 오는 것일까? 선천적인 능력의 차이에서 오는 것일까, 후천적인 문화적 영향에서 비롯되는 것일까?

우선 염두에 두어야 할 것은 이러한 심리 검사 결과를 둘러싼 이야기들이 대부분 통계적인 평균을 바탕으로 하고 있다는 점이다. 사실 이러한 검사의 성별 간 점수 차이는 10퍼센트 내지 15퍼센트를 넘지 않아 대수롭지 않은 정도다. 이 말은 남자가 우세하다는 검사에서 좋은 점수를 얻은 여자가 적지 않고, 또 반대로 여자가 우세하다는 검사에서 좋은 점수를 얻은 남자도 적지 않을 만큼 점수의 분포가 퍼져 있다는 것을 의미한다.

게다가 학습을 하면 이러한 점수 차이가 사라진다는 것도 밝혀졌다. 그러한 검사를 일주일 동안 반복할 경우, 남자와 여자는 언어와 방향 감각 문제에서 결국 똑같이 좋은 점수를 얻는다. 그리고 훈련을 계속하면 남녀는 같은 속도로 향상을 보인다. 이와 같은 결과는 언어 및 공간에 대한 능력에 있어 성별 간 차이는 되돌릴 수 없거나 선천적인 것과는 아무런 상관이 없음을 드러내고 있다.

이밖에도 남녀 간 뇌 기능의 선천적인 차이를 부정하는 많은 논거들이 확인되었다. 심리 검사에서 나타나는 특정 분야의 점수 차이는 청소년기가 되어서야 발견할 수 있다는 것이 그 예이다. 또한 다양한 인종을 대상으로 검사를 진행할 경우, 흑인계와 아시아계 미국인의 성별 간 능력 차이는 백인계 미국인의 성별 간 능력 차이보다 훨씬 적다는 것이 나타난다. 이것은 뇌 기능의 성차에는 일정 부분 문화적인 요소가 관련되어 있음을 말해주는 것이다. 끝으로 또 다른 논거 하나를 들자면, 최근 20년 동안 발표된 심리 검사 결과를 종합적으로 검토했을 때 특정 능력에 있어 성별 간 점수 차이가 점차 줄어들고 있다는 것이다. 이는 직업을 가지고 사회로 진출하는 여성들이 늘어나고 있는 것과 그 맥락을 같이한다.

지금까지 이야기한 논거들은 언어 및 공간 · 방향 감각과 관련해 성별 간에 나타나는 점수 차에는 선천적 요인보다 후천적 요인이 더 중요하게 작용한다는 것을 보여 준다. 교육의 역할을 강조하는 사회학적 연구의 결론도 마찬가지다. 남자아이는 여자아이에 비해 성장 과정에서 '공적인 영역'을 접촉할 기회가 더 많다. 예를 들어 남자아이들은 축구처럼 야외에서 단체로 하는 놀이를 일찍부터 시작한다. 축구는 자신의 위치를 파악하고 공간을 기억하는 법을 배우기에 특히 유리한 운동이다.

이러한 종류의 학습은 공간·방향 감각과 관련된 뉴런 회로의 형성을 도와줌으로써 아이의 뇌 발달에 영향을 미칠 수 있다.

반면 집과 같은 '사적인 영역'에 더 많이 머무르는 여자아이의 경우 공간·방향 감각을 사용할 수 있는 기회가 더 적게 주어지는 대신 가정 안에서 의사소통을 위해 언어를 사용할 기회는 훨씬 더 늘어나게 되는 것이다. 이렇게 남자와 여자가 공간과 언어 능력에서 차이를 보이는 것은 생물학적인 원인 즉 '타고난' 것과는 거리가 멀다.

호르몬이 뇌 기능을 좌우할 수 있을까?

성호르몬의 작용은 남자와 여자의 행동 차이를 설명하기 위해 일관되게 내세워지는 논거에 속한다. 생식에 필요한 생물학적 기능에서 호르몬의 역할이 중요하다는 것에는 이론의 여지가 없다. 인간을 제외한 동물의 경우 뇌에 미치는 호르몬의 작용이 암컷의 배란기와 결부되어 발정과 교미 행동을 유발한다. 성적인 본능은 곧 생식을 의미하는 것이다.

이에 비해 인간은 일반적인 자연계의 틀을 벗어난다. 성기의 기능은 물론 성호르몬과 관련되어 있지만, 만남의 시기, 파

트너의 선택 등에 있어서는 그렇지 않다. 한 가지 주목할 만한 사실은 남자든 여자든 간에 동성애자라고 해서 호르몬 이상을 보이지는 않는다는 것이다. 성범죄자라고 해서 테스토스테론°이 지나치게 많이 만들어 지는 것도 아니다.

성호르몬이 인간의 심리 상태에 미치는 영향과 관련해서는 완고한 사회적 통념이 존재한다. 사람들은 신경과민, 우울증, 공격성이 호르몬 분비와 관련이 있다고 생각한다. 자신이 심한 변덕을 부릴 때 책임감을 덜 느끼기 위해서는 이상적인 논거인 셈이다.

그러나 과학적인 현실은 훨씬 더 복잡하다. 호르몬이 심리와 행동에 영향을 미치는 경우는 다음 두 가지 상황 정도이다. 우선 임신이나 폐경처럼 생리적인 '대혼란' 상황을 들 수 있다. 불임이나 암 때문에 다량의 호르몬 처방을 받고 있는 경우도 마찬가지다. 그러나 생리적으로 정상적인 상황이라면 문제는 다르다. 정상적인 조건에서 호르몬의 양과 '심리 상태' 변화 사이의 직접적인 인과 관계를 보여 준 과학적인 연구는 어

● ● ● ●

테스토스테론 남성 호르몬의 일종으로 정소(고환)에서 생성된다. 사춘기 남성에게서 가장 왕성하게 분비되어 후두를 크게 하고 성대를 두껍게 하며 체모와 근육을 성장시키고 피지선의 분비를 증가시킨다.

디에도 없다.

인간은 왜 호르몬의 법칙을 벗어날까?

　최근 신경 과하의 발전으로 인간이 호르몬의 절대적인 영향
에서 벗어날 수 있는 이유가 좀 더 분명하게 밝혀졌다. 호모 사
피엔스˚는 현생 인류 가운데서도 특출한 뇌를 가지고 있다. 언
어와 추론, 인식과 상상같이 매우 정교한 인지 기능을 주관하
는 대뇌 피질이 특별히 발달해 있기 때문이다. 대뇌 피질은 인
간의 모든 행동을 감독한다. 허기, 갈증, 생식 같은 기본적이고
본능적인 욕구도 마찬가지다.

　호르몬도 인간의 행동에 관여할 수는 있다. 그러나 지배적
인 역할을 수행하는 것과는 거리가 멀다. 실제로 성호르몬이
제대로 작용하려면 그에 맞는 '수용체'˚와 결합해 뉴런에 안
착해야 한다. 이러한 수용체는 생식 기능을 통제하는 뇌의 특

● ● ●

호모 사피엔스　인류를 분류한 학명의 하나. '생각하는 사람'이라는 뜻으로, 진
화 단계상 가장 발달한 인류이다. 4~5만 년 전부터 지구상에 출현했고, 농경과 목
축 문화를 발전시켰다.

정 영역 즉 시상하부에 많이 분포되어 있으며, 상대적으로 대뇌 피질에는 그 수가 훨씬 적다. 반면 원숭이를 포함한 동물의 대뇌 피질에서는 그 호르몬 수용체를 상대적으로 더 많이 볼 수 있다. 그래서 원숭이의 행동은 인간의 행동보다 성호르몬에 훨씬 밀접하게 종속되어 있다.

분명히 말하지만 테스토스테론이 남자를 경쟁적이고 공격적으로 만들고, 에스트로겐°이 여자를 감정적이고 사교적으로 만든다는 주장은 생물학적인 현실과는 거리가 먼, 지나치게 단순한 생각이다. 만약 어떤 사회 집단에서 남자와 여자가 정형화된 행동을 하는 경향을 보인다면, 그 이유는 인간의 뇌가 지닌 가소성이라는 속성 때문에 발생하는 문화적 영향에서 우선 찾아야 한다.

사회는 오랜 역사를 통해 남자와 여자라는 특정 성에 관한 본보기와 규범을 만들어 왔다. 사람들은 사회 집단에 무사히

● ● ● ●

수용체 세포에 있는 여러 가지 유형의 단백질로, 세포 밖에서 들어오는 호르몬이나 영양분 등과 결합하여 세포 내부로 신호를 전달한다. 세포는 이 신호를 받고 적절한 반응을 시작한다.

에스트로겐 대표적인 여성 호르몬으로 난포 호르몬이라고도 한다. 여성의 2차 성징을 발현시키며 월경 주기 조절에 관여하고 임신 때 모체의 변화를 야기한다. 주로 난소의 난포에서 분비되고, 태아의 태반계, 부신 피질이나 남자의 정소 등에서도 분비된다.

진입하기 위해서는 꼭 따라야 하는 정체성의 도식에 아주 어릴 때부터 무의식적으로 젖어들게 된다. 이러한 태도는 내면 깊숙이 자리 잡은 것이어서, 사람들은 자기도 모르는 사이에 사회의 고정관념을 받아들인다. 예컨대 우리 사회에서 남자아이는 크게 울면 안 된다고 한다. 왜냐하면 남자는 강인하고 어려움을 잘 극복해 낼 줄 알아야 하기 때문이다. 반면에 여자아이는 감수성이 풍부하고 애교가 많아야 한다고 한다. 여자는 그래야 사랑을 받을 수 있기 때문이라는 것이다.

4

성 정체성은
어떻게 만들어질까?

아이는 언제부터 자신의 성을 구별할까?

갓난아이는 자신이 남자인지 여자인지 구별하지 못한다. 아이는 자라면서 자신의 **성 정체성**을 '배우게' 된다. 실제로 자신이 남자인지 여자인지를 안다는 것은 아이가 자신의 성을 인식하는 문제이기 이전에, 두 성별을 구별할 수 있다는 의미이다.

발달 심리학 연구에 따르면, 아이가 남자나 여자로서 자각을 나타내는 것은 2세에서 3세 사이라고 한다. 18개월에서 24개월 사이의 아이에게 "넌 남자니, 여자니?"라고 물을 경우, 10퍼센트만이 이 질문에 분명하게 대답할 수 있다. 26개월이 되면 그 수치는 70퍼센트까지 올라가고, 36개월 된 아이의 경우 100퍼센트가 된다. 그리고 3세에서 5세 사이의 아이는 특히 신체적인 특징(체격, 옷, 목소리)에 근거해 다른 사람의 성별을 식별하는 법을 익힌다. 7세가 되면 아이는 자신뿐만 아니라 타인의 성별까지도 분명하게 구분하게 된다.

어린아이가 자신의 성 정체성을 인식하는 시기는 심리학 실험에서 보이는 아이의 행동과 언어 표현에 관한 연구를 통해 밝혀졌다. 성 정체성을 찾아가는 2세 이전의 초기 과정을 이해하려면, 이 시기의 어린아이에게 맞는 관찰 기술이 필요하다. 특히 아이들이 장난감이나 소도구와 같은 물건이 있을 때 보이는 시각적인 주의와 행동에 주목한다. 아이가 동성이나 이성의 다른 아이들과 있을 때 보이는 상호작용(장난감 교환, 모방 행동)을 통해서도 중요한 정보를 얻을 수 있다.

이러한 실험을 통해 아이가 여자와 남자를 구별하는 초기적인 지식을 갖게 되는 시기는, 태어난 첫해 즉 아이가 자신의 성을 인식하기 훨씬 전이라는 사실을 알 수 있었다. 아이는 생후 2개월부터 부모나 친척처럼 가까운 사람이 아니더라도 남자와 여자의 목소리를 구별한다. 5개월이 되면 남자와 여자의 얼굴을 찍은 사진을 각각 구별하는 능력이 생긴다. 10~12개월 때는 목소리와 각 성별의 얼굴을 연결시킬 수 있게 된다. 그리고 18~20개월이 되면 아이는 자신과 성별이 같은 아이들과의 상호작용을 더 좋아한다. 또한 장난감의 종류를 구별하기 시작하며, 자신의 성에 '적합하다'고 생각되는 장난감을 더 좋아하는 모습을 보인다.

어른들은 남자아이와 여자아이를 어떻게 대할까?

위에서 살펴봤던 것처럼 남자아이나 여자아이가 된다는 것은 그렇게 간단한 일이 아니다. 아이가 자신이 들어가야 할 문화적 환경에 맞춰 상당한 지식을 숙달해야 한다는 것을 전제하고 있다. 이러한 지식을 습득하기 위해서는 아이의 인지 능력 발달에 맞춰 학습하는 시간이 필요하다. 이 학습 과정에서 주변의 사회적, 문화적 환경이 아이에게 중대한 영향을 미치게 된다.

곧 아이를 낳아 부모가 될 사람들을 보면, 출산 전부터 이미 남자아이와 여자아이에 대해 다른 생각을 가지고 있다. 부모든 아니든 간에, 많은 어른들이 성별에 따라 분화된 행동이 존재한다고 확신한다. 게다가 그 차이를 아이가 태어나는 첫 순간부터 존재하는 것처럼 여긴다. 이러한 부모들의 확신은 아이를 대하는 태도의 차이로 나타난다. 비디오 촬영을 통해 부모와 아이 사이의 상호작용을 연구한 실험에서, 부모들은 남자아이를 여자아이보다 더 많이 들어 올리고 만지는 것으로 나타났

아이의 성별에 따라 어른들이 그 아이를 대하는 태도가 완전히 달라진다.
이러한 주변 환경은 아이가 성 정체성을 확립해 가는 과정에서 중대한 영향을 미친다.

다. 그에 비해 여자아이를 대할 때는 아이를 웃게 만들고 말을 하게 하는 데 더 많은 시간을 보냈다.

이와 관련한 또 다른 실험도 있다. 부모가 아닌 다른 어른에게 겉으로는 성별을 파악할 수 없는 아이의 행동을 해석해 보게 하는 실험이었다. 우선 실험자가 남자아이라는 정보를 주면, 사람들은 그 아이를 튼튼하고 기운이 넘치는 것으로 묘사했다. 그리고 반대로 다른 사람들에게 여자아이라고 말하면, 순하고 귀여운 아이라고 설명했다. 같은 아이였는데도 말이다! 피실험자들이 성별이 겉으로 드러나지 않는 5개월 된 아이와 놀아 주는 상황을 비디오 촬영을 통해 관찰한 실험에서도 역시 고정관념에 따른 반응이 확인되었다. 어른들은 아이의 자연스러운 행동보다는 실험자가 알려준 아이의 성별에 따라 장난감을 선택했다.

이와 같은 실험들은 어른의 생각과 행동이 아이의 성 정체성 형성에 얼마나 중요한 역할을 하는지 보여 준다. 게다가 아이들이 태어나서 자라는 물리적인 환경도 중립적이지 않다. 아이가 자신만의 기호를 가질 수 있게 되기도 전에, 환경은 이미 성별로 나뉘어져 있는 것이다. 부모가 아이의 성별에 따라 방의 실내 장식, 옷, 장난감 등을 고르기 때문이다.

사회적 요인은 아이의 성 정체성에 어떤 영향을 미칠까?

여러 관찰 결과들을 전체적인 맥락에서 종합해 보면, 성 정체성이 처음에 어떻게 형성되는지 이해하는 데 큰 도움이 된다. 뇌의 발달에 있어 생물학적 요인과 환경의 영향은 밀접하게 관련되어 있다. 뇌의 발육과 더불어, 남자아이와 여자아이는 자신에게 사회적으로 부여된 특징과 역할을 학습하는 과정에서 아주 어렸을 때부터 자기 행동을 주위의 본보기에 따라 체계화할 것을 강요받는다. 아이는 자신을 둘러싼 환경과 관계를 통해 남자와 여자 사이의 행동 차이를 지각, 관찰, 기억하고 자신이 속한 문화의 성 역할에 맞춰 행동하게 된다. 따라서 아이가 자라 정형화된 행동을 보이게 되는 것은 조금도 놀랄 일이 아니다.

시대의 변화에도 불구하고 남녀 사이의 임무와 역할에 대한 구분은 여전히 존재하며, 다른 고정관념들보다도 상대적으로 더 보수적이다. 가령 여자아이는 집에서 일상생활을 하며 물건을 챙기고 정리하는 엄마를 본보기로 따르려는 경향이 있을 것이다. 그에 비해 남자아이는 더 소란스럽고 말을 더 안 듣는 것처럼 보일 수 있다. 이러한 도식은 잘 사라지지 않는다. 하지만

이러한 구분이 절대 변하지 않는 것은 아니다. 시간이 흐르면서 아이의 인격이 발달하고 교육, 가족, 사회 환경과 관련한 수많은 요인들이 성 정체성을 체험하고 그에 대한 표현을 다양화하는 데 기여하게 된다.

다양한 체험으로 인해 사람들 모두가 서로 다른 뇌를 가지게 되는 것과 마찬가지로, 개인들은 남자 혹은 여자의 인생을 살아가는 자신만의 고유한 방식을 터득하게 된다. 점차 성 정체성과 관련한 관습과 문화적 규범, 법률(남녀 차별 금지, 동성 간의 결혼)상의 변화가 나타나고 있다. 이 또한 우리 뇌가 지닌 가소성의 힘을 보여 주는 한 가지 예라고 할 수 있을 것이다.

사람들은 왜 여전히 뇌의 성 구별을 믿는 걸까?

지금 우리 사회에서는 남녀평등을 확립하기 위한 다양한 노력이 펼쳐지고 있다. 남성들이 적극적으로 육아에 참여하는 등 사고방식이 변화하고, 기존에 주로 남성들만 일하던 직종에 여성들의 진출이 늘어나는 등 사회적으로도 변화가 일어나고 있다. 하지만 태도의 변화만큼은 아직 미미한 상태다. 사실 변화에 대한 믿음이 변화 자체보다 더 큰 힘을 발휘한다.

여성은 실직의 첫 번째 희생자가 되며 남성들보다 평균적으로 30퍼센트 낮은 임금을 받고, 여전히 가사의 대부분을 떠맡고 있다. 직장 내 '유리 천장'●은 계속해서 존재한다. 학교에서도 여학생들이 남학생들보다 더 우수한 성적을 거두고 과학 과목 역시 마찬가지다. 그러나 단지 25퍼센트의 여학생만이 이공계로 진로를 정하고 있고, 10퍼센트만이 그랑제콜● 준비반에 들어가고 있다. 학교 진로와 직업 선택에서 나타나는 이러한 차이는 우리 사회의 문화적, 경제적, 정치적 역사에 뿌리박혀 있는 많은 원인들에서 비롯된다. 생물학적 요인들과는 아무런 관련이 없는 것이다.

그러나 사회적 질서가 남자와 여자를 구별하는 자연의 생물학적 질서를 반영한 것이라고 주장하는 결정론●적인 생각은

● ● ●

유리 천장 여성의 고위직 진출을 가로막는 보이지 않는 장벽을 의미하는 용어. 어떤 조직 내에서 지위가 올라갈수록 여성들이 드물어지는 현상을 가리킨다.

그랑제콜 일종의 특수 대학으로 프랑스의 엘리트 양성 교육 기관이다. 프랑스에서는 고등학교 졸업 자격시험이자 대입 자격시험인 바칼로레아에 합격하면 대학에 들어갈 수 있다. 그러나 그랑제콜에 들어가려면 별도의 입학시험에 합격해야 한다. 때문에 일부 학생들은 바칼로레아를 치른 뒤 그랑제콜 준비반에 들어가 2~3년간 혹독한 입시 공부를 하기도 한다.

결정론 모든 사건의 결과가 이미 존재하는 원인에 따라 결정된다고 보는 철학 이론. 인간의 의지나 우연 등을 배제하고 원인과 결과로 모든 것을 판단하는 관점이다. 근대 물리학이 발달하는 토대가 되었다.

여전히 존재한다. 2005년 1월, 미국 하버드 대학교의 총장이던 로런스 서머스는 그러한 결정론적 사고와 관련한 하나의 표본을 보여 주었다. 대학 위원회가 소집된 자리에서 서머스는, 이공계 학과에 여학생의 숫자가 적은 이유는 차별에 따른 것이라기보다 여학생이 그 분야에 필요한 능력을 선천적으로 갖추지 못했기 때문이라고 말했다. 이 이야기는 학계에 큰 파장을 불러 일으켰고, 서머스는 자신의 잘못을 사과해야만 했다. 주요 언론들은 반대 여론에 부딪힌 이 사건에 재빨리 달려들었다.

서머스가 내세운 주장의 편협함을 비판하는 페미니스트들의 논거에 맞서 그를 옹호하기 위해 몇몇 과학자들이 나섰다. 논쟁의 당사자인 서머스와 가까운 사이였던 일단의 과학자들은 뇌량, 공간에서 위치를 파악하는 능력, 언어 영역 따위에 대한 참고 사항을 체계적으로 인용했다. 앞에서 보았듯이, 뇌에 관한 새로운 사실들이 밝혀지면서 현재는 이미 낡은 이야기가 돼 버린 논거들을 말이다.

그러나 안타깝게도 뇌 과학에 대한 지식이 없는 대중들에게는 그 케케묵은 연구 결과가 쉽게 권위를 발휘했다. 그러한 결과들이 과학적이고 객관적인 것처럼 제시되었기 때문이다. 따라서 그 논거에 이의를 제기하는 것은 몽매주의°적인 발상, 과학을 무시하는 처사, 페미니스트들이 종종 보이는 것과 같은 편향된 이데올로기적 태도로 몰렸을 것이다.

어쨌든 로런스 서머스는 결국 총장직에서 물러나야 했다. 이 사건의 긍정적인 결과는 뇌와 성별에 따른 능력 차이에 관한 문제를 명확하게 밝히기 위해 의학 아카데미, 과학 아카데미, 기술 아카데미 세 기관이 힘을 뭉쳤다는 점이다. 그리하여 2006년 9월, 세 아카데미에서 작성한 보고서가 발표되었다. 이 보고서는 다음과 같이 분명하게 밝히고 있다.

"뇌의 구조와 기능, 호르몬의 영향, 인류의 진화에 관한 연구들에 따르면, 이공계 직종에 여성들이 드문 이유를 설명할 수 있을 만큼 의미 있는 성별 간의 인지적 능력 차이는 나타나지 않는다. (중략) 그러한 상황은 **개인적, 사회적, 문화적 요인**의 결과이다."

성차별을 막기 위해 우리는 무엇을 알아야 할까?

20세기는 두개골이나 뇌를 물리적으로 측정하는 시대였다. 그리고 그 측정 결과는 성별과 인종, 사회 계급 간의 서열을 정

● ● ●
몽매주의 배우거나 깨우치려는 생각을 아예 포기하려는 사고방식이나 태도.

당화하기 위해 사용되었다. 21세기에 들어서는 유전학 및 뇌 단층 촬영 기술의 발달과 더불어 뇌에 관한 연구 방법도 많이 바뀌었다. 미디어는 정기적으로 새로운 '발견'을 세상에 알린다. 정조를 지키도록 만드는 유전자, 욕망을 부추기는 분자, 낭만적인 사랑을 관장하는 뇌 영역 등을 발견했다며 호들갑을 떤다.

이러한 발표 다음에는 항상 권위를 발휘하는 생물학적 논거를 들며 남자와 여자 사이의 차이를 설명한다. '과학적이고 객관적인 증거'를 통해 성별 간 불평등이 초래된 사회적이고 문화적인 원인들을 놓치게 만드는 것이다. 이때 제시되는 과학적인 논거들은 본래의 영역을 넘어선 역할을 하게 되며, 따라서 이데올로기적 일탈의 위험이 생긴다.

인간의 모든 행동을 생물학적 요인으로 설명하는 지나치게 단순한 이론이 승리를 거두는 이유는, 사람들은 그러한 이론에 의지하며 안심하기 쉽기 때문이다. 이러한 **생물학적 결정론**은 우리가 스스로의 행동을 이해하고 있다는 착각, 나아가 자신이 저지른 행동에 대해 실제 본인의 책임은 작다는 착각을 심어준다. 성별 간에 나타나는 차이를 뇌 탓으로 돌려 버리면 현존하는 모든 문제가 다 해결되기라도 하는 것처럼 말이다.

하지만 신경 과학이 모든 것을 설명할 수는 없다. 인간은 무엇보다도 문화적, 사회적 역사의 산물이다. 유전자와 호르몬이 뇌의 발달에 관여한다 할지라도, 뉴런 회로는 본질적으로 우리의 개인적 역사에 따라 구성된다. 게다가 만약 남자와 여자의 행동에 있어 생물학적인 제약이 중요한 역할을 한다면, 모든 문명에 공통적으로 존재하는 불변의 특징들이 관찰되어야 마땅할 것이다. 그러나 그러한 불변의 법칙들은 분명히 존재하지 않는다. 개인적인 차원에서든 사회적인 차원에서든, 우리의 행동을 특정한 방향으로 이끄는 보편적인 법칙은 없다. 일반적인 규칙이 있다면, 인간의 뇌가 지니고 있는 가소성이라는 놀라운 속성에 의해 문화적인 다양성이 존재하게 된다는 것, 바로 그뿐이다.

더 읽어 볼 책들

- 김종성, 『뇌에 관해 풀리지 않는 의문들』(지호, 2000).

- 리처드 레스탁, 임종원 옮김, 『새로운 뇌(뇌는 어떻게 스스로를 변화시키는가)』(휘슬러, 2004).

- 사이먼 배런코언, 김혜리, 이승복 옮김, 『그 남자의 뇌 그 여자의 뇌』(바다출판사, 2007).

- 앨런 피즈, 이종인 옮김, 『말을 듣지 않는 남자 지도를 읽지 못하는 여자』(가야넷, 2005).

논술·구술 시험은 논리적이고 종합적인 사고를 요구한다. 다음에 제시된 문제는 이 책의 주제와 연관이 있는 논술·구술 기출 문제이다. 이 책을 통하여 습득한 과학적 지식과 원리, 입체적이고 논리적인 접근 방식을 활용하여 스스로 문제에 답해 보자.

▶ 사회의 발전에 따라 여성들의 노동 시장 참여도가 점차 높아지고 있다. 그러나 아직까지 눈에 보이는, 또는 보이지 않는 다양한 형태의 남녀 차별이 있어 여성들이 어려움을 겪고 있는 것이 사실이다. 남성과 여성이 모두 차별 받지 않는 사회 활동을 하기 위해서는 어떤 변화가 필요한가?

▶ 남자와 여자의 성적인 차이를 생물학적인 측면과 사회적인 측면으로 나누어 구체적인 예를 들어 말하시오.

▶ '여자는 태어나는 것이 아니라 만들어지는 것'이라는 말에 대한 자신의 견해를 말하시오.

옮긴이 | 김성희

부산대 불어교육과 및 동대학원을 졸업했으며 현재 전문 번역가로 활동 중이다.

민음 바칼로레아 56

남자와 여자의 뇌는 같을까?

2판 1쇄 펴냄 2021년 3월 30일
2판 5쇄 펴냄 2024년 8월 8일

1판 1쇄 펴냄 2008년 10월 17일
1판 2쇄 펴냄 2013년 9월 19일

지은이 | 카트린 비달
감수자 | 김현택
옮긴이 | 김성희
발행인 | 박근섭
펴낸곳 | ㈜민음인

출판등록 | 2009. 10. 8 (제2009-000273호)
주소 | 06027 서울 강남구 도산대로 1길 62 강남출판문화센터 5층
전화 | 영업부 515-2000 **편집부** 3446-8774 **팩시밀리** 515-2007
홈페이지 | minumin.minumsa.com

도서 파본 등의 이유로 반송이 필요할 경우에는 구매처에서 교환하시고
출판사 교환이 필요할 경우에는 아래 주소로 반송 사유를 적어 도서와 함께 보내주세요.
06027 서울 강남구 도산대로 1길 62 강남출판문화센터 6층 민음인 마케팅부

한국어판 © ㈜민음인, 2008. Printed in Seoul, Korea
ISBN 979 11-5888-818-3 04000
ISBN 979 11-5888-823-7 04000(set)

㈜민음인은 민음사 출판 그룹의 자회사입니다.